Lk⁷ 2665

HISTOIRE

ET DESCRIPTION

DU

CHATEAU D'ÉTAPLES,

Par G. SOUQUET,

Membre de la Commission des Antiquités départementales du Pas-de-Calais
et de la Société des Antiquaires de la Morinie.

AMIENS,

IMPRIMERIE DE DUVAL ET HERMENT, PLACE PÉRIGORD, 3.

—

1855.

HISTOIRE

ET DESCRIPTION

DU CHATEAU D'ÉTAPLES.

En 1848, la compagnie du chemin de fer d'Amiens à Boulogne, en prenant des remblais dans les ruines du Château d'Étaples, mit à découvert une partie de ses fondations.

Bâti à l'Est de la ville, dans une situation dominante et baigné par la rivière de Canche, il était naturellement très fortifié.

Dans la partie la plus élevée, celle sur laquelle était autrefois le donjon, on rencontra deux espèces de fondations superposées et séparées entre elles par une double couche de décombres et de terre glaise.

La fondation inférieure était établie sur le roc, à huit mètres du niveau de la Canche. Elle était recouverte de quatre mètres de décombres d'où l'on a retiré du charbon de bois, des cendres, des ossements humains, des vases, des fibules, des tuiles et des monnaies romaines des règnes de Gordien, Philippe, Postume, Gallien, Claude, Maximien et Constantin. Ces décombres avaient été nivelés pour y recevoir une couche de terre glaise d'un mètre d'épaisseur qui en recouvrait la superficie.

La fondation supérieure fut posée sur cette couche de terre glaise qui paraissait avoir été fortement damée. On la trouva ensevelie sous 5 mètres de matériaux et de démolitions. On y découvrit divers objets du moyen-âge, tels que des boulets, une petite pièce de canon en fonte; des fragments d'épées, de bayonnettes, de mors de brides, d'étriers; des monnaies des rois de France, d'Espagne et des comtes de Flandre.

Les divers objets trouvés dans ces ruines devinrent la propriété des employés du chemin de fer. Je fus assez heureux pour m'en procurer quelques-uns.

Le plan ci-contre, dressé par l'ingénieur Fournier, au moment où les fouilles se faisaient, retrace la fondation inférieure dite romaine.

AAA représentent des murailles de pierres blanches maçonnées à la chaux, établies au niveau des terres de molières. L'espace circonscrit par ces murs était rempli de blé brûlé et de décombres, ce qui porte à penser que cette construction souterraine était destinée à recevoir les grains nécessaires à l'approvisionnement du Château.

BB représentent une construction souterraine renfermant des cellules demi-circulaires disposées des deux côtés d'une allée centrale. On voit que cette disposition, si fréquente au moyen-âge, était déjà en usage chez les Romains. Ces espèces de cachettes pouvaient être murées en temps de guerre, après y avoir déposé des objets précieux. L'allée et les cellules étaient vides. Elles étaient pavées de carreaux de terre glaise, émaillés en vert à leur face supérieure. Leur dimension est de $0^m,17^c$ de carré sur $0^m,04^c$ d'épaisseur. Sous ces cellules se trouvait l'entrée d'un souterrain dont la sortie était à 600 mètres du nord du Château.

C représente un mur construit en briques rouges, soutenu par des contreforts en grés, et percé d'une porte.

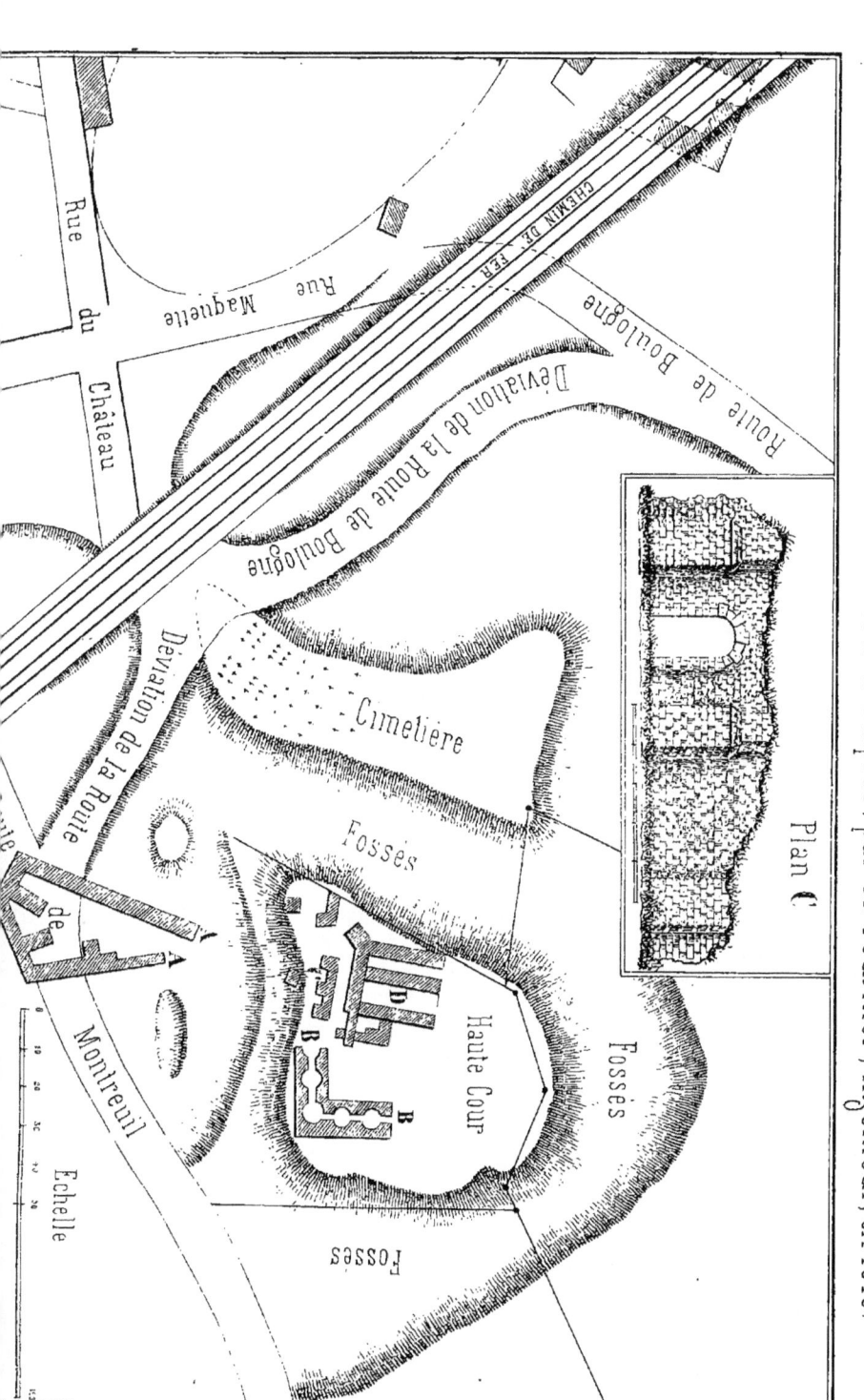

D représente les fondations du donjon.

E représente un mur d'enceinte. Ces fondations et ce mur n'offrent de remarquable que la chaux, employée à la liaison du silex, et devenue aussi dure qu'un ciment. Il a fallu faire usage de la poudre pour diviser ces blocs de pierres.

La présence de monnaies et d'objets romains sous ces ruines prouve évidemment qu'en cet emplacement un château existait déjà sous la domination romaine.

Il n'est pas douteux que ces ruines ne proviennent d'un de ces châteaux que les Romains multipliaient en si grand nombre dans les Gaules. Peut-être est-il de l'époque de l'empereur Dioclétien, qui régna de 284 à 305 avant Jésus-Christ?

Zosime, tome 2, nous apprend que ce prince garnit toutes les frontières de l'empire de places fortes et de châteaux pour pourvoir à la défense des côtes exposées aux irruptions des Saxons.

Quant à l'époque de sa destruction, les traces d'incendie que nous avons remarquées partout permettent de supposer qu'il fut détruit par le feu vers 842, lors de l'invasion des Barbares du Nord, et en même temps que Quentowic.

Le terrain sur lequel avait existé autrefois la forteresse romaine devint la propriété de l'abbaye de Saint-Josse-sur-Mer. Il est vraisemblable que cette abbaye la devait à la donation d'Haymon (1) et à celle de son successeur Déochtrique (2).

Ce terrain s'étendait depuis les bords de la Canche jusqu'à

---

(1) *Poshac vero quia vir illustris Haymo, erat quippe multas habens possessiones tradidit ipsum locum cum appendicis suis Beato Judoco in opus. (Vita Judoci, Acta Sanctorum ord. Ben., t. ii, p. 570.)*

(2) *Pro munere placationis villam proprietatis suæ nomine Crispaniacum et in aliis locis etiam dedit ultra Quantiam fluvium, simul rura non pauca. (Bollandianus XVI Junii, p. 519.)*

la terre désignée encore aujourd'hui sous le nom de Champ de Saint-Josse, et située sur la route d'Etaples à Lefaux, à 300 mètres du Château.

Mathieu d'Alsace obtint, en 1172, de l'abbaye de Saint-Josse, la concession de ce terrain et y fit construire le Château d'Etaples.

La charte qu'il donna à ce sujet se trouve aux archives impériales (K, 187, p. 10, n.° 2), Nous devons à l'obligeance de M. Edmond Dupont, archiviste paléographe, la traduction suivante de ce précieux document :

« Moi, Mathieu d'Alsace, comte de Boulogne, je fais
» savoir à tous présents et à venir, qu'en échange de la
» terre sur laquelle s'élève le Château d'Etaples, et pour
» le salut de mon âme et celle de mes ancêtres, j'ai donné
» et concédé à Dieu et à saint Josse, et aux Abbé et Frères
» qui les servent en cette abbaye, dix mille harengs qui
» devront leur être payés chaque année à perpétuité, à
» Boulogne, s'il y en a, ou à Calais, s'il en manque à Bou-
» logne. De leur côté, l'Abbé et l'Eglise de Saint-Josse m'ont
» abandonné ce même terrain sur lequel, comme il est dit,
» s'élève le Château avec la terre joignant ledit Château
» et qui est de la juridiction de Saint-Josse. Et, afin que
» cet échange demeure à perpétuité ferme et irrévocable,
» je l'ai fait revêtir de l'autorité de mon sceau. Fait en l'an
» de l'Incarnation du Verbe, 1172.

» Cette concession a été faite à saint Josse, en perpétuelle
» aumône, dans l'église et sur l'autel de Saint-Josse, en
» présence des frères et d'un grand nombre de mes compa-
» gnons et de mes chevaliers, puis reconnue et confirmée
» à Desvres, en présence de mes barrons et de plusieurs
» chevaliers, savoir : Pharanne de Tingri, Beaudoin de
» Cayeux, Elie de Doudeauville, Clarembauld de Thiem-
» bronne, Guy de Bellebrune, Beaudoin de Colesbert, Guy

» Dâilor, Beaudoin Delens, de Level, Philippe de Fordinne et
» plusieurs autres chevaliers et vassaux..... scellé. »

Voici, selon Dom Grenier (1), les motifs qui avaient engagé Mathieu d'Alsace à construire ce Château : Ce prince avait enlevé la princesse Marie, abbesse de Ramsay, fille unique d'Etienne de Blois, roi d'Angleterre et comte de Boulogne. En vertu de ces nôces sacriléges, il s'était mis en possession du comté. Samson, archevêque de Rheims, jeta l'interdit sur toutes les églises du Boulonnais, et le pays se trouva dans une affreuse désolation. Mais Mathieu, peu ébranlé par ces armes de papier, ne pensa qu'à se fortifier, par la construction de cette forteresse, contre les entreprises du comte de Ponthieu, son voisin et son plus puissant ennemi. Il changea même la nature du port de Quentowic (Etaples) par une digue qui est aujourd'hui sous les sables, fit alliance avec Henri II, son oncle maternel et successeur d'Etienne. Soutenu alors de ses forces et de celles de Philippe, son frère, comte de Flandre, il porta le fer et le feu dans les états du comte de Ponthieu.

Lami (2) ajoute que Mathieu, en paix avec l'Eglise, continua de guerroyer contre son voisin le comte de Ponthieu, Jean I.er, dont il brûla les villages et rançonna la capitale. Il n'y eut plus de repos pour ce pays qu'en 1173, année où Mathieu fut tué au siège de Neufchâtel, en Normandie.

D'après le plan du Château d'Etaples, dessiné par Tassin en 1638, qui se trouve à la bibliothèque d'Amiens, la haute-cour était un parallélogramme entouré de remparts

---

(1) *Remarques sur les Antiquités de la ville d'Etaples*, par Dom Grenier. MS. de la Bibliothèque impériale, paquet 2, n.º 17.

(2) *Résumé de l'Histoire de Picardie et partie du Pas-de-Calais*, par Lami, Paris, 1825, p. 114.

aux angles desquels étaient placées huit tours pleines jusqu'au parapet.

Dans son enceinte se trouvaient le donjon A, la chapelle B, le logement du gouverneur et les casernes C, les magasins, la forge, le moulin à bras et les réservoirs d'eau.

Ce parallélogramme était entouré d'un fossé qu'on pouvait remplir d'eau au moyen de l'écluse D.

La basse-cour, à l'ouest de la haute-cour, avait une forme rectangulaire.

Ces deux enceintes étaient défendues par une muraille crénelée et bastionnée. Cette enceinte avait une porte au midi E. De cette porte il fallait tourner à gauche pour atteindre la basse-cour. On passait de la basse-cour dans la haute-cour sur un pont-levis qui joignait les deux côtés du fossé et conduisait à la porte F donnant accès dans l'intérieur du Château. Cette porte, dit Dom Grenier, était bien voûtée et semblable à la Porte des Dunes de Boulogne.

Cette forteresse était entourée d'un chemin couvert.

Toutes ces constructions étaient faites en silex avec revêtements en grés.

Dutertre d'Ecuffen, dans un mémoire manuscrit sur la masure du Château d'Etaples, nous apprend « qu'on voyait
» encore en 1734 une fondation de muraille vis-à-vis le port.
» Il n'est pas douteux qu'elle n'ait été faite pour garantir
» les fortifications des eaux de la mer qui battaient à
» l'encontre.

» L'espace compris entre le mur du cimetière de l'église
» Saint-Michel et le bastion de l'ouest, formait une belle
» place d'armes.

» Ce Château était défendu par un fort avancé, élevé sur
» le terrain nommé La Tombe. La garnison du Château
» pouvait communiquer avec celle de ce fort par un sou-
» terrain.

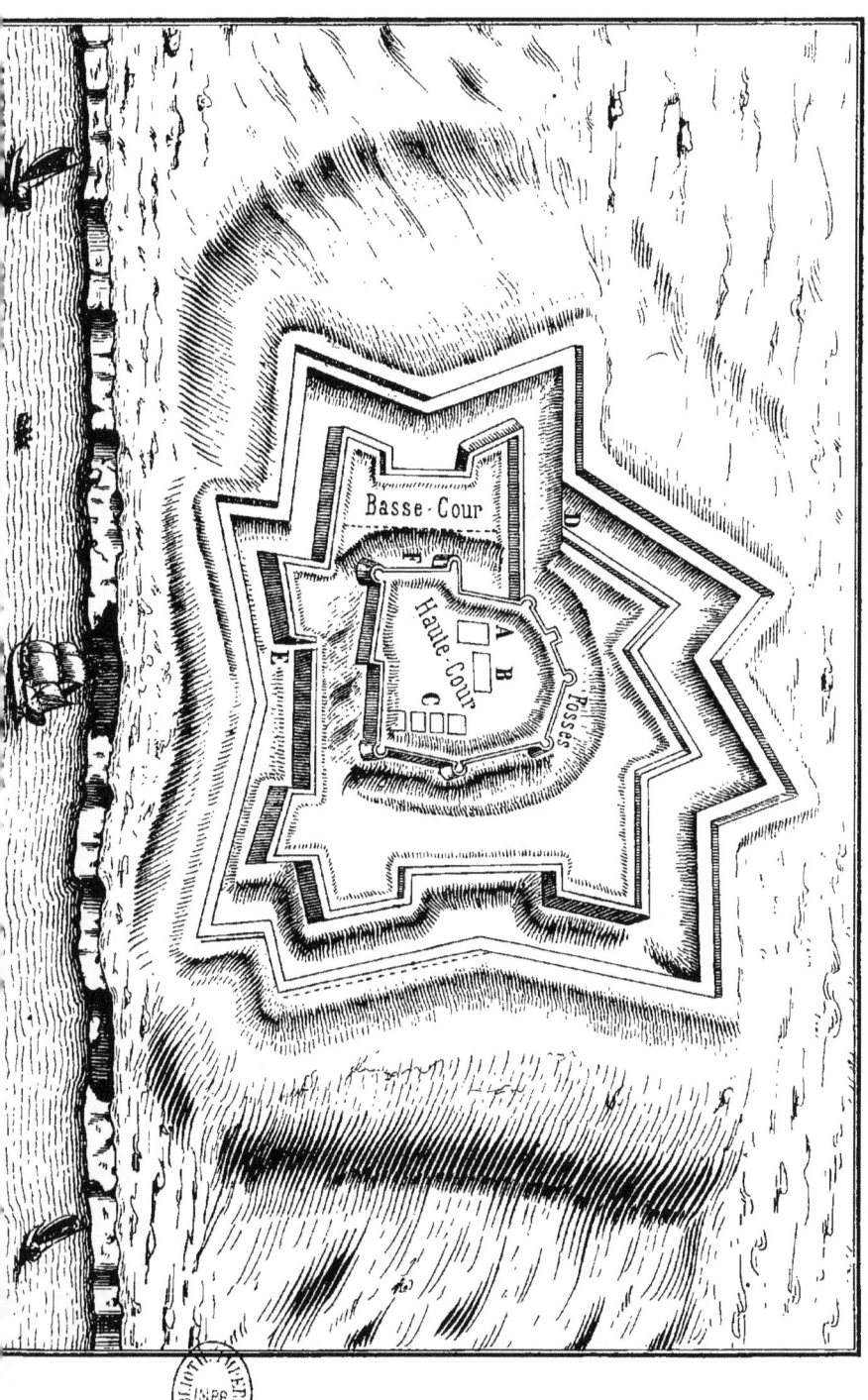

Plan N° 2 du Château d'Étaples par Tassin en 1638.

» Sur l'une des tours de ce fort s'élevait le moulin royal,
» ainsi nommé, parce que le produit en était affermé, au
» nom du Roi, par la vicomté d'Etaples (1). »

Beaucoup de terres voisines relevaient de la couronne à cause de ce Château.

Etaples, grâce à cette forteresse, était une des quatre capitaineries royales du Boulonnais (2).

Le roi y nommait un gouverneur, et voici la liste de ceux dont nous avons pu retrouver les noms :

1276. LE DUC D'AUMONT, grand bailli d'Etaples (3).

1547. Antoine ESCALLIN D'EMATZ, seigneur, baron de la garde du très illustre et très puissant François Ier, roi des Français, capitaine ordinaire de ses galères, capitaine général et gouverneur d'Etaples.

En 1546, la ville de Boulogne était au pouvoir de Henri VIII, roi d'Angleterre. Fatigué de tant de sacrifices en hommes et en argent pour garder cette cité, Henri consentit à ouvrir des conférences pour traiter de la paix. Elles eurent lieu à *Campen*, entre Ardres et Guines, le 7 juin 1546.

Ce traité de paix fut ratifié à Londres le 11 mars 1547, par Antoine Escallin, gouverneur d'Etaples, et Odetus de Selva, conseiller du roi et ambassadeur, tous deux désignés dans ledit traité en qualité de commissaires, orateurs, députés et procurateurs munis des pouvoirs du roi des Français (4).

---

(1) Archives impériales. Section domaniale, Q, 922.
(2) Dom Grenier, MS., paquet 2, n.° 17.
(3) *Essai historique sur l'arrondissement de Boulogne*, par Henry.
(4) Rymer. *Fœdera, Conventions, Literæ et cujuscumque Generis, Acta publica inter Reges Angliæ*, tom. VI, Pars III, p. 152.

1577. Michel Patras de Campaigno, dit le Cadet Noir (1).
1591. De Louvigni, seigneur d'Etréelles (2).
1593. Robert de Rocquigny, écuyer, seigneur de Pallecheul, du Fayel, d'Etaples, de Camiers et autres lieux, gentilhomme ordinaire de la chambre du Roi de Navarre, capitaine de chevau-légers, commandant de la ville et château de Neufchâtel (3).
1595. Boisrozay, (4).
1601. Louis du Carlier, chevalier, seigneur de Magnier (5).
1605. Pierre de Beringhem, conseiller et premier valet de chambre ordinaire du Roi (6).

Il eut en qualité de lieutenant-commandant par intérim :

Ambroise de Rocquigny, écuyer, seigneur d'Harseleine, fils unique de Robert.

1608. Louis de Belloy, seigneur de Baumery, gentilhomme de la maison de la Reine, grand bailli d'Etaples (7).
1613 à 1634. Jean de Monchy, seigneur de Montcavrel, baron de Sempy et d'Aubempré, chevalier des ordres du Roi et son conseiller.

---

(1) *Notice historique sur Michel Patras de Campaigno*, par Marmin.

(2) Manuscrit du seigneur d'Etréelles, communiqué par M. le baron Morand, procureur impérial, à Montreuil.

(3) Voir page 24.

(4) Lettres patentes du 18 juin 1597. — Voir page 26.

(5) Minutes de M.ᵉ Allart, notaire à Montreuil. — Contrat de mariage de M. de Rocquigny du 14 avril 1601.

(6) Voir page 27.

(7) Minutes de M.ᵉ du Hailles, notaire à Etaples, 24 décembre 1608.—Inventaire du Château, 27 décembre 1608, par M.ᵉ Meignot, notaire à Etaples.

Il était le père de Madeleine de Monchy, nommée abbesse de Sainte-Austreberthe, de Montreuil, par Louis XIII, en 1621 (1).

Charles DE SOBRUY, commandant sous la charge de M. de Montcavrel (2).

1634. DE HOCQUINCOURT. « Jusqu'en 1635, Etaples avait
» toujours eu un gouverneur particulier. Avant que
» le duc d'Aumont fût gouverneur de tout le pays,
» c'était M. de Hocquincourt ; et M. de Montcavrel,
» son frère, l'était du Mont-Hulin, lesquels avaient
» chacun leur lieutenant; mais le Roi, voyant la mé-
» sintelligence de ces deux gouverneurs avec celui
» de tout le pays et, craignant que cela ne divisât
» trop les forces, comme il est arrivé du temps de
» la ligue et n'affaiblît le pays, jugea à propos de
» réunir les deux gouvernements au général (3). »

1636. Antoine D'AUMONT DE ROCHE-BARON, marquis de Villequier, gouverneur du Boulonnais, de Boulogne, d'Etaples et de Montreuil (4).

Il eut sous ses ordres, en qualité de commandant de la ville et du château d'Etaples :

Antoine LE ROY. écuyer, seigneur du Quesnel, décédé en 1647 (5).

---

(1) Annales boulonnaises. — Minutes de M.ᵉ Meignot, notaire, 21 février 1619, 27 septembre 1622. — Etat civil, 8 février 1613.

(2) Etat civil, 8 février 1613, 21 janvier 1614, 2 juin 1623.— Minutes de M.ᵉ Meignot, 23 août 1625, 9 octobre 1634.

(3) Dom Grenier, paquet 12, art. 5, n.° 78.

(4) Henry. — Minutes de Mᵉ. Meignot, 17 octobre 1641, 8 septembre 1648. — Etat civil, 6 mars 1639.

(5) Etat civil, 6 mars 1639, 14 avril 1641, 13 décembre 1645, 9 juin 1646, 11 juin 1647. — Compte de l'argentier de la ville, 29 mai 1641.

1658. Louis-Marie-Victor d'Aumont, gouverneur du Boulonnais, décédé le 11 janvier 1669 (1).

Il eut sous ses ordres, comme commandants de la ville et du Château d'Etaples :

Antoine de Guizelin, seigneur de Fromessent (2);

Bernard d'Audegant, marquis, seigneur d'Hubersent (3).

1669. Louis, duc d'Aumont, marquis du Villequier, gouverneur du Boulonnais (4).

1723. Louis-Marie, duc d'Aumont, gouverneur du Boulonnais (5).

1732. Louis-François d'Aumont, marquis de Chapes, duc d'Humières (6).

Ces deux gouverneurs généraux eurent sous leurs ordres, comme gouverneur particulier du Château d'Etaples :

Jean de Monchy, seigneur de Montcavrel, de 1702 à 1747 (7).

Les gouverneurs faisaient usage d'un contre-sceau, dont une empreinte se trouve en la possession de M. le baron Morand, procureur impérial, à Montreuil-sur-Mer, qui a bien voulu nous en offrir un *fac-simile*.

Il représente un écu autour duquel se lisent ces mots:

(1) Henry. — Compte de l'argentier, 5 avril 1669.
(2) Etat civil, 3 octobre 1661, 6 août 1662, 28 février 1664.
(3) Minutes de M⁰ Meignot, 23 août 1665. — Etat civil, 9 septembre 1668.
(4) Henry.
(5) Henry.
(6) Mémoire de Dutertre d'Ecuffen.
(7) Archives de la paroisse.

Secretum causarum. Il porte dans le champ un château au-dessous duquel sont trois coquilles de hénon.

En 1193, la flotte du roi Philippe était amarrée au port d'Etaples, sous les murs du Château : c'était à cette époque un port célèbre (1).

En 1226, le comte Philippe, surnommé Hurepel, après s'être ligué avec d'autres princes, pour empêcher la régence de Blanche de Castille, mère de Saint-Louis, fit fortifier le Château d'Etaples (2).

En 1340, dix vaisseaux armés en guerre mirent à la voile sous les remparts de ce Château, pour se joindre à la grande armée navale qui succomba à la bataille de l'Ecluse, le 24 juin 1340.

Voici d'après le compte de François de Lospital, clerc des arbalétriers du Roi, la liste des seigneurs et maîtres d'Etaples qui commandaient leurs propres vaisseaux :

1.° Jean BERTRAND, seigneur.
2.° Ernout MASTIER, maître.
3.° Enguerrand BOSQUET, maître.
4.° Ernout HACQUET, seigneur et maître.
5.° Jean LAMBREQIM, id.
6.° Jean LE QUEU, id.
7.° Jacques QUOQUEREL, id.
8.° Jean BOSCHOT, id.
9.° BEAUDOIN DE BOARS, maître.
10.° Clément HANIGUET, id. (3).

De 1348 à 1378 le Château d'Etaples eut beaucoup à souffrir des ravages de l'armée d'Edouard, roi d'Angleterre. D'après

---

(1) *Histoire de Boulogne et de son comté*, par Philippe Luto, MS.
(2) *Annales Boulonnaises.*
(3) *Abrégé des Annales du commerce de mer d'Abbeville*, par Traullé.

Henri de Kington, Etaples fut brûlée et ruinée le 27 août 1346, le lendemain de la bataille de Créquy. D'après Dom Grenier, cette place fut pillée en 1354. D'après Thomas de Walsingham, « il y avait en cette ville des foires solennelles
» où ceux de Boulogne, d'Amiens, de Paris et les Esterlings
» abordaient. Ce fut durant ces foires que les Anglais, qui
» tinrent la ville de Calais, vinrent en l'an 1378, sous la
» conduite de Hugues Caveley, attaquer cette place qu'ils
» brûlèrent en partie, après y avoir pillé toutes les marchan-
» dises qui s'y trouvaient. »

En 1394, Jean IV, duc de Berry, comte de Boulogne et d'Auvergne, refusa de payer la rente des 10,000 harengs, constituée par la charte de Mathieu d'Alsace de 1172. L'abbé de Saint-Josse lui intenta un procès dans lequel le comte succomba. Toutefois le parlement de Paris fixa à trente livres la somme que pourrait réclamer l'abbaye. Le trésor paya cette rente jusqu'en 1793 (1).

Au mois de juillet 1467, Jean, comte de Boulogne et d'Auvergne, confirme à la ville d'Etaples le droit qui avait été accordé par Bertrand V, son père, aux maires et échevins d'Etaples, de lever un impôt sur les marchandises pour servir à réparer le port, les murs et le Château d'Etaples, qui avaient été détruits par le feu des ennemis. Le même droit fut ratifié par Charles, duc de Bourgogne, par ses lettres patentes délivrées à Hesdin en 1470 (2).

En 1492 le Château d'Etaples fut choisi pour la conclusion d'un traité de paix entre Henri VII, roi d'Angleterre, et Charles VIII, roi de France, qui fut signé par leurs ambassadeurs le 3 novembre.

Le roi de France était représenté par Philippe d'Equerde,

---

(1) *Cartulaire de Saint-Josse*, page 159.

(2) Dom Grenier, paquet 2, n.° 17.

gouverneur de Boulogne, les seigneurs de Hallùin, de Piennes, de Créqui, de Morvilliers et d'Offray, maître de requêtes.

Le roi d'Angleterre était représenté par Milord d'Aubenay, gouverneur de Calais, les seigneurs Tirel, Christophe Wiswily, grand aumônier, Henri d'Yneswoth, évêque d'Exeter.

Cette paix fut accordée entre les deux rois pendant leurs vies et un an après la mort du dernier mourant, sous peine d'excommunication contre celui des deux qui y contreviendrait.

La France acheta cette paix à l'Angleterre 745,000 écus valant alors 55 sous tournois (1).

Dom Grenier assure que Sigismond visita le Château d'Etaples en 1415, que François I.er y coucha le 27 juin 1520, et que Louis XIV s'y promena le 26 mai 1637. Le même auteur ajoute que, pendant le siège de Boulogne, François I.er fit réparer les fortifications d'Etaples en vertu de titres portant la date du 30 mars 1545, qui se trouvent aux registres du bailliage d'Amiens; et qu'en 1548 Henri II fit également dans cette place de nouveaux travaux, qui ont fait dire qu'il avait rétabli la ville et la citadelle d'Etaples.

En 1584, le Château d'Etaples, dégradé depuis longtemps déjà, fut l'objet de l'attention toute particulière du sénéchal du Boulonnais, qui, après s'être fait rendre un compte exact de l'état de la vieille forteresse, résolut d'y faire opérer les réparations qu'elle réclamait, et ce n'était pas peu de choses.

Un acte, en date du 15 juillet 1584, qui se trouve aux archives du palais de justice de Boulogne-sur-Mer, porte à la connaissance du public, comme préliminaire à l'adjudication, que « l'ouvrage de maçonnerie nécessaire à faire

---

(1) Le traité de la paix d'Etaples, le pouvoir et le serment de Henri VII, se trouvent aux archives impériales, J. 648; n.º 17, 18, 19.

» au Chasteau d'Estaples consiste à reffaire la maçon-
» nerie de la tour respondant sur la basse-cour et fai-
» sant le coing de icelluy du costé du moulin, en hauteur
» de soixante et dix piedz, et de largeur quarante piedz,
» le tout revestir de pierres de gredz, et pour la liaison de
» ladite maçonnerie y mettre des boutz de pierres de gretz,
» et de six en six piedz, portans de chacun trois à quatre
» piedz de long ; Reffaire deulx aultres brèches de ladite
» muraille tombées portans chascune d'eulx quarante piedz
» de hault, l'une de seize piedz de largeur, et l'autre de
» huict piedz de pareille matière, revestemens et bouttiz que
» dessus. Plus une aultre brèche d'une des tours respondant
» sur les champs, contenant environ sept toises, qu'il est
» nécessaire refaire, et par faulte de quoy la voulte de
» pierre de ladite tour est en danger de tomber ; Reffaire
» aussi l'alée de la muraille dudit chasteau par dedens,
» icelluy du costé des champs, contenant en longueur cin-
» quante piedz et sept de hault ; et reffaire l'huisserie, qui
» est le tour, de pareille matière, revestemens et bouttiz
» que dessus. »

Pour la confection de ces ouvrages, l'entrepreneur-adju-
dicataire est, aux termes du même acte, tenu de s'aider
« des matières qu'il trouvera sur le lieu, provenant des
» ruynes, et fournir touttes aultres matières, sable, hour-
» dages, guindaiges, cordes et touttes aultres choses né-
» cessaires pour ledit ouvrage. »

Enfin, l'acte énonce que l'adjudication se fera « au lieu
» judiciel de la sénéchaussée de Boullenois, à Boulogne,
» [...]e de la plaidoirie, le jeudy xxvj° jour de juillet pro-
» chainement venant, » et dispose que, « touttes personnes
» y seront reçues à la charge de bailler par l'adjudicataire
» bonne et seure caution et deument certiffiée et auquel
» sera baillé ung quart de la somme par advance, l'aultre

» quart quand il aura commencé à besogner, l'aultre quart
» après la moitié de l'ouvrage faicte et le reste quand il
» sera bien et deument faict et parfaict et visité. »

L'adjudication eut effectivement lieu, ainsi que l'acte ci-dessus l'indique, le 26 juillet 1584, devant Antoine Chinot, lieutenant-général de la sénéchaussée et en présence des avocat et procureur du Roi, en ladite sénéchaussée. Ansel de Wismes, maître-maçon à Montreuil, se rendit acquéreur, moyennant trois cent trente-trois escus ung tiers sur lesquelz « il consentit ung rabaiz de vij solz. »

En 1588, les ligueurs, s'étant emparés de la basse-ville de Boulogne par surprise, le brave Du Bernet dut se réfugier dans la haute-ville avec une faible garnison. Le roi Henri III, ayant reçu la nouvelle de la position critique dans laquelle il se trouvait, ordonna au capitaine Campaigno, dit le Cadet-Noir, commandant du Château d'Etaples, de s'embarquer avec sa troupe pour jeter quelques secours dans Boulogne.

Les ligueurs, déjà maîtres de la ville, profitèrent du départ du gouverneur pour prendre le Château d'Etaples, qui servit alors de retraite à tous les bandits des provinces voisines, à cause de sa proximité de Montreuil, toute à la dévotion de la ligue.

Le 10 août de la même année, les ligueurs s'assemblèrent à Etaples pour l'élection des députés du comté de Boulogne aux états-généraux qui devaient se réunir à Blois, le 15 septembre suivant. Ils nommèrent l'Evêque d'Ormy pour représenter le clergé, Louis de Monchy, seigneur d'Inquesen, pour représenter la noblesse, et Thomas du Wicquet, de Desvres, pour représenter le tiers-état.

Ces députés se dirigèrent sur Blois et contraignirent les députés nommés à Boulogne de retourner sur leurs pas (1).

En 1591, Du Bernet, gouverneur du Boulonnais, se décida à tenter la reprise d'Etaples. Dans les premiers jours de janvier, il partit pour cette expédition, accompagné de Michel Patras de Campaigno, son lieutenant, d'une partie de la noblesse et de douze cents hommes d'élite. Il s'empara d'abord de la ville, que la garnison abandonna pour se réfugier dans le Château.

Il essaya de parlementer. Jean Caloin, chargé de sommer les rebelles de se soumettre à l'obéissance du prince, s'avança jusqu'au pont-levis pour exercer sa commission. Ayant vu tirer sur lui, il se jeta à l'une des chaînes de ce pont, qu'il avait autrefois remarquée faible, la rompit par ses secousses réitérées et fournit par là au commandant le moyen de s'emparer du Château. Il s'applaudissait déjà de la réussite de son dessein, quand un coup de fauconneau le renversa mort sur le pont (1). Au même instant un coup de mousquet, tiré des remparts, atteignit Du Bernet en pleine poitrine et le renversa sans vie. Ce malheur inattendu mit le désordre parmi les assiégeants. Campaigno courait de rang en rang

---

(1) Etaples est la patrie de Jean Caloin, surnommé le Fort, le Robuste et le Bien-Disant, père de Pierre, aussi le Fort. Le premier vivait dès le xvi.ᵉ siècle. Il s'était rendu à Boulogne, après que les ligueurs se fûrent emparés de son lieu natal. Il s'attacha particulièrement au commandant qui s'en servit utilement dans les diverses négociations auprès des mécontents du pays, dont il affermit et ramena plusieurs dans le devoir et au parti de Henri III.

Son frère, Pierre Caloin, prouva son courage et sa générosité dans le soulèvement survenu le 4 juin 1634, à Montreuil, à l'occasion de la translation des reliques de saint Wulphy, en défendant la personne de Caumartin, évêque d'Amiens. Il y perdit la vie avec son frère.

Il y a encore à Etaples beaucoup de leurs descendants, en qui la force du corps est comme héréditaire. — (Dom Grenier, paquet 2, n.º 17.)

et s'efforçait de rallier les soldats. Il les conjurait de profiter de leurs premiers succès pour venger la mort de leur commandant ; mais ses efforts furent inutiles, tout ce qu'il put obtenir d'eux, c'est qu'ils fissent assez bonne contenance pour empêcher les assiégés de troubler leur retraite. Puis, ayant réussi à s'emparer du corps de Du Bernet, malgré le feu vif que les rebelles faisaient pour s'y opposer, il le fit placer sur un brancard et transporter à Boulogne, en l'escortant à la tête de ses compagnons d'armes désolés (1).

Le duc d'Epernon accourut à Boulogne avec son beau-frère Jacques de Gathe, neveu de Du Bernet. A son approche, les ligueurs épouvantés quittèrent le Château d'Etaples (2).

Il félicita Campaigno de sa belle conduite en cette occasion, le nomma lieutenant du sieur de Rouillac, qu'il amenait avec lui pour prendre le commandement de Boulogne, et, quelque temps après, le roi lui donna le titre de grand sénéchal et gouverneur du Boulonnais (3).

De Louvigni, seigneur d'Etréelles, succéda à Michel Patras de Campaigno, comme gouverneur du Château d'Etaples.

On lira avec intérêt le compte dressé par ce personnage, qui nous a été communiqué par M. le baron Morand, procureur impérial, à Montreuil, descendant de cette illustre famille.

« Le sieur d'Estreelles entra dans le Chasteau d'Estappes
» pour y commander pour le service du Roy le septiesme
» jour d'octobre quinze cent quatre-vingt-onze, où il trouva
» vingt-un soldats restants de dix-huit dont sept étoient allés,
» les uns à Boullogne, les aultres à la ligue, au lieu de cent

---

(1) Dom Grenier. — *Notice historique sur Michel Patras de Campaigno*, par Marmin.

(2) Henry.

(3) Marmin.

» hommes de pied qui étoient païés par réglement de
» M. D'Espernon et trente chevau-légers dont il ne se trouva
» que trois pour tout dans ledit Chasteau. Et trouva le sieur
» d'Estreelles le Chasteau, tant dehors que dedans, en si
» mauvais équipage, tant de logement que de fortiffications,
» comme il se peut aisément prouver par les habitants du
» bourg et païsants d'allentours, qui y habitoient ordinai-
» nairement. Et a été constraint ledit sieur d'Estreelles d'y
» faire accommoder les choses plus nécessaires tant en dedans
» et dehors dudit Chasteau pour le rendre logeable et en
» deffense, qu'il lui a convenu emprunter beaucoup sur son
» bien et de tous ses camps et espérances, que le Roy auroit
» pour agréable sa bonne volonté et diligence à son service
» et qu'il le feroit rembourser sur quelque seure assignation
» des deniers qu'il auroit tirés et advensés pour le service de
» Sa ditte Majesté, n'y aïant mis que choses très nécessaires,
» ce qui se peut encore voir par la visitation qu'en pour-
» roient faire les officiers de Sa ditte Majesté, de tout les-
» quels deniers déboursés les parties sont cy-après déclarées :

» Premièrement le jour ou le sieur d'Estreelles entra audit
» Chasteau, bailla vingt-un escus aux vingt-un soldats qu'il
» y trouva, en attendant la montre, lesquels se plaignoient
» n'avoir reçu aucune chose de longtemps.

» Item pour une grange qu'il fit desmonter au bourg d'Es-
» tappes et apporter audit Chasteau pour loger les chevaux
» des soldats et pour l'accommoder de couverture, placage,
» fermages, auges, rateliers et aultres manœuvres néces-
» saires, la somme de cinquante livres.

» Et pour quinze chambres que ledit sieur a fait bastir et
» accommoder audit Chasteau pour loger les soldats et qua-
» valliers, l'un portant l'aultre à dix escus.

» Pour une maison qu'il a fait faire en la basse-cour pour
» servir d'hostellerie plus seure, d'aultant que ledit bourg

» d'Estappes n'est point fermé, pour loger les passants et
» pour faire repaistre les soldats en lieu sur, ayant pris le
» bout de laditte maison audit bourg pour la desmonter et
» remonter, couvrir, meubler et accommoder, cent cinquante
» livres.
» Pour avoir fait recouvrir tous les anciens corps-de-logis,
» fait faire des huis, fenestres, ferrures, mettre des ser-
» rures à la plupart desdits logis ; raccoustré des vitres et
» les cheminées qui étoient rompues, six-vingts livres.
» Pour avoir fait besongner aux portes dudit Chasteau et
» aux deux ponts-levis, la somme de trente livres.
» Pour avoir achetté cinq cents livres de poudre et plomb,
» trois cent soixante livres.
» Pour refournir le magazin dudit Estappes de bled, sel,
» morue, charbon de terre, hottes, mandes, civières, lorsque
» l'Espagnol vint assiéger Rue ; scavoir : deux cents septiers de
» bled à deux escus le septier rendu icy, font quatre cents
» escus ; vingt barils de sel à cent sols le baril rendu icy, fait
» cent livres ; mille deux cents morues achettées à Calais au
» prix de six escus le cent, fait soixante-douze escus ; deux
» cents barils de charbon de terre rendus icy, trente sols
» pour chaque baril, fait pour lesdits six-vingts barils,
» soixante escus.
» Pour six barils de bray à faire fallots pour éclairer de-
» dans les fossés, à sept livres dix sols le baril rendu icy,
» quarante-cinq livres.
» Pour cent livres de fer en barre à douze escus le cent,
» fait vingt-deux escus.
» Et pour picqs, pelles, hoyaux, hottes, mandes, ci-
» vières, eschelles, lanternes, pour tout vingt-cinq escus.
» Pour six cents livres de mesches à mettre en magazin, à
» raison de douze livres et demye le cent, rendus, fait
» soixante-quinze livres.

» Pour faire vuider les fossés du Chasteau qui étoient com-
» blés de terre, par vingt-quatre manouvriers à cinq sols par
» jour pour chacun et y ont esté quarante et un jour, qui font
» quatre-vingt-deux escus.

» Item pour avoir fait faire un moyneau au bout dudit
» fossé, du côté de la mer, pour flanquer deux des costés
» desdits fossés, qui étoit chose nécessaire, où quatre massons
» ont travaillé à dix sols par jour et huit manouvriers pour
» les servir à cinq sols par jour, où ils ont besongné l'espace de
» trente-cinq à quarante jours, à quatre livres par jour, pour
» lesdits massons et manouvriers, fait cent quarante livres.

» Pour six fournées de chaux à vingt-cinq septiers pour
» chacune, fait cent cinquante septiers, à raison de trente
» sols, font soixante-quinze livres.

» Pour faire le plancher dudit moyneau a fallu pour cinq
» escus de chesne, pour faire les poutres pour deux écus de
» long bois et de clous, et pour manouvriers qui l'ont cou-
» vert de terre un escu, fait vingt-quatre livres.

» Pour le tailleur de grez qui a taillé les coings des grez
» et aultres qu'il a convenu de tailler pour faire les canon-
» nières et aultre chose de son art, lequel a esté aultant que
» les massons, à quinze sols par jour, qui fait pour ledit gres-
» sier huit escus vingt sols.

» Pour un harnois qui y a vacqué trente-cinq jours à ché-
» rier pierrres, moellons, chaux, sable et aultres matières
» nécessaires, à quarante sols pour deux hommes et deux
» bestes, fait soixante-dix livres.

» Une montre païée aux soldats pendant le siège de Rue,
» que le pauvre peuple étoit pillé, mangé et ruiné, qu'il n'a
» pu païer, cy, en deux mois durant, cent cinquante escus.

» Plus dix tonneaux de vin achettés à Calais pendant ledit
» siège de Rue, à raison de cinquante-cinq escus pour chacun
» tonneau, fait cinq cent cinquante escus.

» Et, d'aultant que le sieur d'Estreelles a entretenu trente à
» quarante chevau-légers fort nécessaires à cette garnison
» et n'aïant reçu aucunes contributions que pour les gens de
» pied, et, n'aïant ledit sieur argent pour païer lesdits gens
» de cheval, a été contraint les nourrir pour les maintenir
» auprès de lui, qui ne s'est pu faire qu'avec grands frais,
» aïant emprunté la plus part des vivres qu'il lui a fallu,
» il plaira à Sa Majesté en donner quatre escus par mois
» pour chacun chevau-léger, qui feront, pour les trente-six,
» vingt escus par mois, expirés au dernier jour de juillet,
» la somme de douze cents escus.

» De toutes lesquelles sommes cy-dessus que ledit sieur
» d'Estreelles a déboursées, il a emprunté douze cents escus
» à M. le général Lefebvre, trésorier de France, en la
» généralité de Picardie, dont ledit sieur d'Estreelles lui
» fait cent escus de rente sur son bien, plus six cents escus
» à M. Pierre Leclerc, marchand, demeurant à Calais, dont
» il fait cinquante escus de rente sur son bien.

» Plus cinq cents escus que le sieur de la Boissière, gou-
» verneur de Corbie, envoya audit sieur d'Estreelles au bout
» de huit jours qu'il fit son entrée au Chasteau d'Estappes,
» lesquels cinq cents escus il lui doit encore sans qu'il en
» paie l'intérêt.

» Item cinq cents escus que lui a prestés le sieur Centeny,
» trésorier de France en la généralité de........ et maistre
» d'hostel chez le Roy, lesquels cinq cents escus ne courent
» point aussi de rente.

» De toutes lesquelles sommes cy-dessus, Sa Majesté doit
» audit sieur d'Estreelles et dont son bien est chargé, il
» plaira à Sa Majesté lui en faire donner assignation, pour
» s'acquitter de ce qu'il a emprunté, et descharger son bien
» d'icelles dettes, que aultrement feroit la ruine totale de
» lui et de ses enfants.

» Sommes trois mille cent cinquante-six escus. »

En 1593, Henri IV appela au commandement de la ville et Château d'Etaples Robert de Rocquigny, seigneur de Pallecheul, dont l'acte de nomination, conservé dans les archives de ses descendants, mérite de trouver ici sa place.

« DE PAR LE ROY,

» A nostre bien amé le sieur Pallecheul, salut.

» Aïant advisé estre nécessaire de pourvoir à la conser-
» vation de nostre Chasteau d'Estappes, en nostre pays de
» Boullenois, de personne dont la fidélité et valeur nous soit
» congnueue et sur qui nous nous puissions reposer de la
» garde d'yceluy, sçachant l'importance que nous est ladite
» place et au pays; Nous, à ces causes et pour la confiance
» que nous avons de vous et de vostre prudhomie, expérience
» au fait des armes et bonne diligence, jointe à l'affection
» que portez à nostre service, et aultres considérations...
» ...., nous avons commis et député, et par ces
» présentes commétons et députons pour commander et
» pourveoir dans ladite place et Chasteau d'Estappes, soubz
» nostre auctorité, tout ce que verrez utile et nécessaire
» pour le bien de nostre service et manutention d'yceluy,
» soubz nostre obéissance, pour opposer à tous desseings de
» nos ennemis qu'ils voudroient faire sur yceluy; avoir l'œuil
» ouvert qu'il n'en advienne surprise, au préjudice de nostre
» auctorité, avec les gens de guerre qui sont ou pourront
» estre en garnison; les maintenir en bonne police, à ce que
» n'en recevions plaintes de nos subjets, foulte et jouir de
» ladite charge aux honneurs, estats et appointements qui
» y appartiennent tant qu'il nous plaira. Si, mandons à tous
» nos officiers et à tous aultres qu'il appartiendra, en ce
» faisant, vous recepvoir, obéir, respecter et faire entendre
» de tous eux, et ainsi qu'il appartiendra es-choses tou-

» chans et consernans ycelle charge, voulant que vous
» soyez païé desdits estats et appointements dorénavant par
» chacun an, de quartier en quartier, ainsi qu'il est acous-
» tumé, et rapportant ces présentes et quittances dudit sieur
» de Pallecheul sur ce suffisantes seulement. Nous voulons
» tout ce que pourra païé et délivré vous aura esté, estre
» passé et alloué en la despense des comptes de celuy de
» nos recepveurs ou aultres qui païés les aura, soit rabattu
» de leur recette par nos amés et féaux conseillers, les gens
» de nos comptes, auxquels nous mandons ainsi le faire sans
» difficulté, car tel est nostre plaisir.

» Donné à Mante le XXV jour de may mil cinq cens
» quatre-vingt-treize.

» HENRI.

« *Par le Roy*, — POTIER. »

En 1594, Henri IV, vainqueur de la Ligue, délivra des lettres patentes à l'occasion de son couronnement par lesquelles il décharge les sieurs Magneux et d'Hamler et les habitants d'Etaples et de Montreuil d'avoir pris les armes pendant les troubles (1).

En 1597 ce monarque délivra les lettres patentes suivantes, relatives à la réparation du Château d'Etaples (2).

« HENRI, etc. A nos amez et feaulx conseillers les trésoriers
» de France en Picardie, salut.

» Aïant esté adverty que nostre Chasteau d'Estapes a grand
» besoin d'estre promptement réparé pour empescher que nos
» ennemis n'y entrepreignent au préjudice de nostre service;
» et pour cet effet ne pouvant emploïer aultres deniers plus
» prompts que ceux qui proviennent d'un subside d'un sol
» pour pot de vin et deux deniers pour pot de bierre, vendu

(1) Archives impériales, Parlement de Paris, ordonnance, folio 409.
(2) Dom Grenier, paquet 2, n.° 17.

» et desbité en détail dedans le bourg dudit Estapes, que
» nous avons ordonné estre levé au comté du Boullenois, en-
» semble de ceulx qui proviennent des trois escus pour ton-
» neau de vin, qui se lèvent audict bourg d'Estapes; nous
» avons advisé de les affecter plustost que de charger nostre
» peuple de nouvelles impositions. A ces causes, nous vou-
» lons et mandons que vous ayez à faire recepvoir par
» tel des habitants dudict Estapes que vous choisirez bon et
» solvable tous et chascuns des deniers qui proviendront dudict
» impost d'un sol pour pot de vin et de deux deniers pour pot
» de bierre et trois escus pour tonneau de vin, qui se lèvent
» audict Estapes, et les faire mettre par lesdits habitants,
» ès-mains du trésorier des réparations de Picardie, auquel
» il sera tenu d'en compter comme de clerc à maître, pour
» estre lesdits deniers employez par les ordonnances du sieur
» Boisrozay, commandant pour nostre service en ladite place,
» aux réparations et fortifications dudict Chasteau d'Estapes,
» par ledict trésorier des réparations, appellé le controleur
» d'icelles, et non ailleurs ou autrement et ce nonobstant la
» descharge que nous avons accordée aux habitants de nostre
» ville de Boullogne et Comté Bollonnois desdicts trois escus
» pour tonneau pendant le temps et espace de deulx ans, la-
» quelle descharge, en ce qui touche et regarde lesdits habi-
» tants d'Estapes, nous avons revocqué et revocquons par
» lesdites présentes, car tel est nostre plaisir.

» Donné à Paris le seizième jour de mars, l'an de grâce
» quinze cent quatre vingt dix sept, et de nostre règne le
» huitiesme.   HENRI.

» Ainsy signé par le Roy, POTIER, et scellé du grand sceau
» de cire jaune, et au dos est inscript: Enregistré au controlle
» général des finances par moy soussigné, à Paris le xxiij^e juin
» mil cinq cent quatre vingt dix sept.

   » *Ainsi signé*: SALDAIGNE. »

En 1595, pendant le blocus de Paris, le comte Haussel se saisit de la place d'Etaples pour la ligue (1).

En 1605, Ambroise de Rocquigny, seigneur de Harseleine, fut chargé, en l'absence de M. de Beringhem, du commandement de la place d'Etaples.

Il reçut, à cet effet, une commission de lieutenance, qu'il est utile de faire connaître pour donner une idée des prérogatives du gouverneur.

« Nous, Pierre de Beringhem, conseiller et premier vallet
» de chambre ordinaire du Roy, gouverneur pour Sa Majesté
» des ville et Chasteau d'Estappes, estant deuement informez
» de la personne de Ambroise de Rocquigny, escuyer, sieur
» de Harseleine et de sa seure vertu, vaillance, capacité
» suffisamment éprouvée, fidélité et singulière affection au
» bien du service du Roy, yceluy, pour ces causes et autres
» considérations, avons constitué et establi, constituons et
» establissons par une patente, soubz le bon plaisir et vouloir
» de Sa Majesté, notre Lieutenant, pour et en notre absence,
» avoir la mesme auctorité et le commandement que nous-
» mesmes en la place dudit Estappes, suivant les lettres
» patentes et commission de Saditte Majesté, qui luy en
» seront, si besoing est, cy après expédiées à nostre nomina-
» tion. Et la tenir, garder, posséder et y commander doréna-
» vant tout ainsi qu'à fait cydevant Louis de Carlier, che-
» vallier, sieur de Manier, son beau-frère, et aux mesmes
» autrez droictz, prérogatives et prééminences qui luy seront
» attribuez par lesdites lettres patentes et commission de
» Sa Majesté, tant qu'il luy plaira. Et oultre, en faveur de
» ladite lieutenance, luy avons accordé et accordons, par une
» patente, tant la quantité de deux mesures de bois spécia-

(1) Dom Grenier, paquet 2, n.º 17.

» lement affectées à nostre estat de gouverneur dudict
» Estappes, que le nombre de douze douzaines de lappins
» que nostre fermier de la garenne dudict lieu nous est tenu
» et obligé fournir par an, oultre et pardessus le prix porté
» par le contract de sa ferme, desquelles deux mesures de
» bois et douze douzaines de lappins chacun an nous con-
» sentons que ledit gouverneur de Harseleine prenne et
» recoipve par ses mains, tant en vertu de ces patentes que
» de ses quittances, voulant qu'elles soient de telles sortes
» et vertu comme si nous-mêmes les avions faites et signées.
» Si, mandons à tous ceulx sur lesquels nous avons auctorité
» à commander ; prions et requérons tous aultres qui sont à
» prier et requérir que audit sieur de Harseleine, duquel
» nous avons présentement permis et receu le serment en
» tel cas requis et acoustumé, ils le souffrent et laissent joyr,
» ains et posséder ledit gouvernement d'Estappes en nostre
» dite absence, et à luy obéir et faire obéir et entendre de
» tous ceulx et ainsi qu'il appartiendra es-choses touchans
» et consernans nostre dite lieutenance, sans lui faire mettre,
» ou donner, ny souffrir estre fait nuir, ou donner aucun
» trouble ny empeschement quelconque ; au contraire luy
» prester le concert, renfort, ayde et faveur qu'il aura be-
» soing pour le bien du service de Sa Majesté, consernant
» ladite place et repos de ses sujetz. En tesmoing de quoy,
» nous avons signé ces dites présentes de nostre propre
» main, et à icelles apposé le cachet de nos armes.
» Faict à Paris le trentiesme et pénultiesme jour du mois
» de janvier l'an mil six cens et cinq.

                              » DERINGHEM. »

En 1608, le gouvernement fit faire l'inventaire des objets servant à l'armement du Château d'Etaples. On n'y trouva sur les remparts que quatre biscayens en fer, une pièce d'artillerie en métal montée sur un affût de bois sans roues et deux arquebuses à crocs (1).

En 1614 le château d'Etaples fut détruit, ainsi que la plupart des châteaux forts du Boulonnais, par les ordres de M.-P. de Campaigno, après sa victoire sur les troupes des princes qui s'étaient ligués pour empêcher la mariage de Louis XIII avec Anne d'Autriche. Ces ordres furent donnés afin d'empêcher les révoltés de se réfugier et de se défendre dans ces châteaux, comme les ligueurs l'avaient fait sous Henri III (2).

En 1628, De Monchy, seigneur de Montcavrel, gouverneur du Château, de Guizelin, seigneur de Fromessent, de Rocquigny, seigneur du Fayel, obtinrent une lettre de marque à l'effet d'armer un corsaire destiné à capturer les navires ennemis qui se présenteraient dans la Manche. Ce corsaire, du nom de Saint-Michel, fut confié au capitaine Lesne de Widehem. L'équipage fut composé de marins d'Etaples et de soldats choisis parmi ceux de la garnison du Château. En voici les noms :

Martin DUFRESNE.
Jehan BLONDEL.
GRANDBIER.
Guillaume DELABRIQUE.
Salomon LANGLOIS.
Jehan ALIC.
Jacques POLLET.
St.-JACQUES.
Pierre GUISLAIN.
GUISLAIN DÉFONTAINE.

F.né M. ROUSSAY.
DAUSTREAU.
SALOMON DE VILLE.
Pierre HIRCHEZ.
François BELLEGUEUL.
Nicolas DELHAY.
Jehan LAMBERT.
Noël NAYAÏER.
Bertin LAFOREST.
Noël TRÉPÉ.

(1) Minutes de M.e Meignot, 27 décembre 1608.
(2) Abot de Bazinghem. MS.

Pierre Guilbar.   Nicolas St.-Honville.
Jacques Manssel.   Jacques Dechair (1).
Jehan Pointel.

En 1632, le Château d'Etaples servait d'asile aux réfugiés des villages voisins (2).

En 1640, David Godquin était aumônier de la chapelle du Château d'Etaples. Il mourut en cette année. Le gouverneur fit graver sur sa tombe l'épitaphe ci-dessous :

    CY GIST L'HOMME DE DIEU ! QUE SI DONC ON L'APPELLE
    PÈRE SAINT ET LE JUSTE ABBÉ DE LA CHAPELLE,
    C'EST QUE GODQUIN, MARQUANT UNE IMAGE DE DIEU,
    SA MÉMOIRE A SON NOM RÉPOND EN CE SAINT LIEU (3).

En 1641, le Château d'Etaples était démantelé, le donjon démoli ; il ne restait que la chapelle, le logement du gouverneur, une caserne pour une faible garnison et un corps de garde. L'entretien des bâtiments était alors à la charge de la ville, ainsi que le chauffage et l'éclairage du corps de garde. A cette époque le gouverneur avait encore à son service une frégate amarrée au quai (4).

La dernière cérémonie religieuse qui eut lieu dans la chapelle du Château, fut la bénédiction du baptême donné le 15 octobre 1661, par la permission de Monseigneur François Pérochel, évêque de Boulogne, à Henri, fils de messire Antoine de Guizelin, seigneur de Fromessent, gouverneur (5).

En 1734, Louis XV, voulant récompenser les bons services de M. Dutertre d'Ecuffen, ancien garde du corps de Sa Majesté, capitaine invalide pensionnaire du Roi, domi-

(1) Minutes de M.ᵉ Meignot.
(2 et 5) Etat civil.
(3) Titres de famille.
(4) Comptes de l'argentier, 17 février, 20 août et 6 octobre 1641.

cilié à Etaples, délivra des lettres patentes en vertu desquelles il lui fit présent du Château d'Etaples en ruines et en masures, et de toutes ses dépendances.

Ces lettres patentes furent enregistrées à la Cour des comptes en 1756. « Cette cour décerna une commission au
» bailli prévost royal d'Etaples pour que ladite masure du
» Château et ses dépendances qui ont appartenu au roi,
» soient reçues et visitées par des experts chargés d'en dresser
» un plan et procès-verbal, et d'en constater toutes les
» dépendances. »

Cette expertise donna lieu à de vives discussions, entre M. Dutertre d'Ecuffen et l'échevinage, sur les limites de ce domaine. Enfin, un arrêt du parlement de Paris, en date du 20 septembre 1785, adopta les conclusions du rapport des experts, et maintint M. Dutertre d'Ecuffen dans la possession de ce domaine, à la charge de payer à l'état une rente annuelle de vingt livres (1).

Le Château d'Etaples et ses dépendances furent vendues en 1792, comme propriété nationale. C'est à cette époque que commença sa destruction. Les acquéreurs en opérèrent la démolition et en vendirent les matériaux qui servirent à faire des digues sur les molières de la rive droite de la Canche.

En 1804, la basse-cour, acquise par la ville, fut convertie en cimetière. En 1848, ce cimetière fut agrandi par l'addition du fossé qui séparait les deux cours.

A cette époque, la compagnie du chemin de fer d'Amiens à Boulogne, devenue propriétaire des ruines et de l'emplacement du Château, tira du roc sur lequel reposait la haute-cour, les matériaux nécessaires aux remblais du chemin de

---

(1) Archives impériales. Section domaniale, Q, 922.

fer. Elle changea la direction de la route de Montreuil qui longeait les molières de la Canche et la fit passer contre la muraille.

Il ne reste aujourd'hui de cette ancienne forteresse qu'une partie de la haute-cour qui n'a pas encore été entamée, un mur de rempart E, la paroi d'une cachette souterraine B, et les maçonneries souterraines qui ont été découvertes au moment des fouilles A.

L'œuvre de sa destruction est pour ainsi dire accomplie. Bientôt la pioche fera disparaître les derniers vestiges de ce glorieux souvenir de l'antiquité romaine et du moyen-âge.

Amiens. — Imp. de DUVAL et HERMENT, Place Périgord, 5.

www.ingramcontent.com/pod-product-compliance
Lightning Source LLC
Chambersburg PA
CBHW061007050426
42453CB00009B/1311